AF371033

MEMOIRE,

POUR Marie-Marguerite Doucet, Veuve & Donataire par son Contrat de Mariage, de Barthelemi Tourton, Neveu & Heritier de Jean-Claude Tourton, son Oncle, Banquier à Paris, Défenderesse & Intimée.

CONTRE Simeon Tourton, se disant Bourgeois de la Ville de Lyon, Demandeur en intervention, & Appellant comme d'abus.

VOICI enfin un quatriéme Adversaire qui s'éleve contre le mariage de la veuve Tourton ; car il n'est point de degré de contradiction par lesquels elle n'ait passé.

D'abord on a fait paroître sur les rangs la veuve Barou mere de Barthelemi Tourton ; mais sa conscience lui reprochoit d'attaquer un mariage qu'elle avoit reconnu, qu'elle avoit approuvé ; elle s'est désistée de son appel comme d'abus. Il sembloit que ce désistement de la mere dût imposer silence à des collateraux éloignez ; mais un Hollandois, un Protestant, Burchardus Tourton, s'est alors presenté pour venger l'honneur de nos Loix, & la sainteté de nos Sacremens. Seul dans une foule de Concurrens qui paroissoient alors, il a osé attaquer le mariage de la veuve Tourton comme un mélange d'abus & de prophanation ; mais cet Etranger a eu le sort que méritoit sa temerité, il a été proscrit. Une inconnue, à la faveur d'une fausse qualité d'heritiere, s'est annoncée alors comme une partie interessée à soutenir l'appel comme d'abus ; elle a poursuivi avec chaleur ; mais justement effrayée des fins de non-recevoir qu'on lui opposoit, elle a cherché dans la famille de Barthelemi Tourton, un homme qui eût au moins une qualité pour appuyer les chicanes, qu'elle avoit commencées. Ses recherches, ses intrigues, ses sollicitations ont enfin réussi; dans un grand nombre d'heritiers présomptifs qui pouvoient être interessez à contester la validité du mariage, elle a trouvé un parent avide, Simeon Tourton, qui lui a vendu son nom, duquel elle abuse aujourd'hui, pour attaquer un mariage, dont nous voyons qu'une famille entiere respecte les engagemens.

A

C'eſt donc ce Simeon Tourton qui paroît aujourd'hui ſur la ſcene, & qui nous annonce dans un Memoire qu'il vient de diſtribuer, qu'au moyen des nouvelles pieces qu'il raporte, l'affaire change totalement de face. Quelles ſont donc ces pieces victorieuſes ? C'eſt un aſſemblage biſarre de Lettres differentes, monumens ſecrets de pluſieurs faits domeſtiques, qui tendent à deshonorer à la fois & la memoire de Jean-Claude Tourton, & celle de Barthelemi ſon neveu : mais ces Lettres ſe referent-elles aux prétendus moyens d'abus qui ſont propoſez ? Prouvent-elles une incapacité de contracter dans la perſonne de Barthelemi Tourton ? Etabliſſent-elles le défaut de préſence du propre Curé, en renverſant la preuve du domicile ? Enfin détruiſent-elles la foi des quatre Témoins qui ont ſigné l'acte de celebration ? Non ſans doute, elles ne produiſent aucuns de ces effets ; & ce même Simeon Tourton qui paroît annoncer ces nouvelles déouvertes avec tant de confiance, dément lui même ces apparences de ſecurité qu'il affecte, en demandant une preuve teſtimoniale ſur ces faits mêmes, qui ſuivant ſon ſiſtême doivent être conſtatez par ces Lettres.

Ainſi pour répondre avec ordre aux moyens qui reſultent du corps de l'ouvrage qui ſe diſtribuë ſous le nom de Simeon Tourton, on ſe flatte d'établir.

1º. Que Barthelemi Tourton étoit en état de donner un conſentement libre à ſon mariage.

2º. Que ce mariage a été celebré avec le concours des deux Curez.

3º. Que l'acte de celebration ſe trouve revêtu de la ſignature de quatre Témoins, tels que la Loi les exige.

4º. Que la preuve teſtimoniale n'eſt pas admiſſible contre la foi de cet acte de celebration.

PREMIERE PROPOSITION.

Barthelemi Tourton étoit en état de donner un conſentement libre à ſon mariage.

On convient avec Simeon Tourton de la neceſſité du conſentement pour la validité d'un mariage ; mais on ſoutient qu'il eſt ridicule de prétendre que Barthelemi Tourton ait été incapable de donner ce conſentement.

En vain pretend-t'on flétrir par des anecdotes injurieuſes la memoire de Barthelemi Tourton ; en vain raſſemble-t-on les particularités les plus critiques de ſa jeuneſſe, pour le repreſenter comme un homme inſenſé, & incapable de contracter aucun engagement. Toutes ces notes malignes qu'on a paru ramaſſer avec tant d'affectation, ne ſont dans le vrai que des épiſodes étrangers à la conteſtation ; car enfin qu'importe pour la deciſion de la cauſe que Barthelemi Tourton ait eû la paſſion du jeu, qu'il ſe ſoit livré aux plaiſirs, qu'il ait été ſujet aux mouvemens de la colere, qu'il ait ſeduit des Marchands par l'apas trompeur d'un credit que ſon oncle de Paris ne lui donnoit pas ? Quand on ſuppoſeroit que tous ces faits fuſſent exactemens vrais, en réſulteroit il des preuves d'imbecillité & de démence ? A-t-on jamais pensé qu'il falût avoir été toute sa vie exempt de passions pour pouvoir donner un consentement valable à un mariage ?

On doit bien distinguer dans les actions des hommes , qu'on voudroit faire envisager comme des signes de folie , celles qui n'ont pour principe que la foiblesse ou le dereglement du cœur, & celles qui par leur bisarrerie & leur dissonance ne paroissant plus que des effets grossiers d'un pur méchanisme, supposent necessairement l'extinction totale des lumieres de la raison.

Dans les premieres on ne peut pas dire que l'homme ait perdu le bon sens, mais qu'il en abuse. La passion le seduit, l'entraine, mais il se voit seduire, il se laisse entraîner. D'ailleurs ces actions n'étant déterminées que vers certains objets, ne durant qu'au tant que les accès de la passion subsistent, n'étant dès là que des écarts momentanez, que des délires passagers qui se dissipent par la réflexion, comme les songes par le réveil; il n'est pas possible de dire qu'elles prouvent un derangement universel dans l'esprit, ni qu'elles rendent pour toujours un homme incapable de contracter aucun engagement.

Telles sont les especes d'égaremens qu'on croit avoir remarquez dans la conduite de Barthelemi Tourton. Il aimoit, dit-on, le jeu , les plaisirs ; il étoit violent , escroc , faussaire ; mais ces passions, ces foiblesses , ces imperfections, ces vices pourroient-ils jamais être regardez comme des liens capables d'enchaîner pour toujours la faculté de l'entendement, jusqu'au point de dérober à Barthelemi Tourton pour le reste de sa vie la connoissance, qui est le principe de la liberté ? Si cela étoit, quels seroient les hommes dont les mariages ne pussent être attaquez par le défaut de consentement ?

Passons donc sur tous ces faits de libertinage qu'on reproche à Barthelemi Tourton, faits étrangers , dont l'examen seroit ici sans objet. Si dans le portrait qu'on fait de son époux il se trouve quelques traits que la veuve Tourton soit forcée de reconnoître , ce sont autant de veritez mortifiantes , dont elle croit devoir sacrifier le souvenir à la memoire de son mari.

Tout ce qu'on peut ajouter ici, c'est qu'il ne faut que jetter les yeux sur les Lettres de Barthelemi Tourton, pour s'assurer qu'il avoit non-seulement tout le bon sens & tout le jugement , mais même tout l'esprit qu'il étoit possible de désirer dans un homme de son état.

Enfin après avoir fait une histoire scandaleuse de la vie de Barthelemi Tourton, notre Adversaire lui reproche son mariage comme le trait le plus marqué de sa folie. Heritier, dit-on, déja pour moitié d'une succession opulente, réunie depuis en entier sur sa tête, il sort de prison le premier Decembre 1728. il fait connoissance avec une veuve Limonadiere sans alliance & sans bien, reconnoît follement avoir reçu d'elle une somme considerable, lui donne tout son bien , & l'épouse. Est-ce là , continuët-on, un homme sain d'entendement, capable de donner un consentement à un mariage ?

Mais dans ces faits qu'on raproche ici pour rendre l'image plus touchante, que trouve-t-on qui ressente l'imbecillité & la démence ? Qu'apperçoit-on de bisarre & d'insensé dans le mariage de Barthelemi Tourton ? Se recrie-t-on sur l'inégalité de la fortune ? Il est certain dans le fait que Barthelemi Tourton au temps de fon mariage n'avoit pour tous biens qu'une penfion viagere de 1000 liv. que fon oncle lui avoit laiffée par fon teftament , & il devoit alors plus de 6000 liv. Quelles efperances avoit-il fur cette fucceffion opulente, dont on fait le point de vûë de fa fortune dès le temps de fon mariage ? Theluffon étoit alors legataire univerfel, & l'on fçait que la queftion de fon incapacité faifoit un problême très-embarraffant, & dont la folution étoit infiniment incertaine. D'ailleurs au défaut de Theluffon , il y avoit une foule de parens qui dévoient partager la fucceffion, & dont alors on ne penfoit pas à attaquer l'état, parce qu'il n'étoit pas connu. Enfin cette fucceffion qui n'eft pas de 400000 liv. eft chargée de près de 200000 liv. de legs. Voilà au jufte l'état dans lequel Barthelemy Tourton s'eft marié. La donation qu'il faifoit à fa femme n'avoit donc point d'objet fixe & certain ; elle n'étoit fondée que fur le fuccès toujours équivoque d'un enchaînemunt de Procès. Si l'évenement de ces longues conteftations eft enfin favorable à la veuve Tourton , & fi fa donation reçoit par-là quelque accroiffement , eft-il moins vrai de dire qu'au temps de fon mariage elle n'avoit pour garans de cette donation que l'incertitude & les allarmes ? On peut dire que dans ce temps la fortune de la veuve Tourton étoit fuperieure à celle de fon mari , puifque le Contrat de mariage fait foi qu'elle lui porta une dot de 30000 liv.

Voudroit-on infinuer que les conditions étoient inégales ? La veuve Tourton eft fille d'un Architecte ; elle eft veuve d'un Limonadier , qui avoit été Commiffaire des Vivres de la Marine : Barthelemy Tourton étoit fils d'un Confifeur de la Ville de Lyon. On peut dire que ces conditions marchent de pas égal.

Ainfi capacité de contracter dans la perfonne de Barthelemy Tourton, égalité de fortune au temps du mariage, égalité de conditions. Voilà donc un engagement formé juridiquement & convenablement.

On ne croit pas devoir s'arrêter aux reproches de féduction qu'on fait à la veuve Tourton. Ce font de ces lieux communs dont le crédit été puifé,dont la force eft ufée depuis long-tems. Mais qui croiroit que ces reproches n'ont cependant pour tout fondement que fa qualité de Marchande Limonadiere , comme fi ce genre de commerce étoit par effence un état de perverfité , qui exclût neceffairement tous fentimens d'honneur & de vertu ? Car fi l'on ne regarde que la perfonne de la veuve Tourton, ou celle de fon mari, quelles apparences de féduction ? La veuve Tourton eft une femme fimple , & fans art , incapable de former, & encore plus d'exécuter le deffein de furprendre le cœur, & de captiver la liberté d'un homme ; ces entreprifes difficiles fuppofent des talens particuliers, & une experience, que la veuve Tourton s'applaudit de ne point avoir : Ses mœurs en font foi, & les Magiftrats qui ont bien voulu fe faire inftruire de fa conduite , l'ont trouvée irreprochable. M. Chauvelin eut la bonté d'en rendre compte à la Cour lors de la plaidoirie de la Caufe.

D'un autre côté Barthelemy Tourton étoit un homme fin, rufé, agueri, & plus accoutumé à féduire, qu'à être féduit ; homme d'ailleurs d'un âge mûr, & qui à 52 ans ne devoit guéres fentir ces mouvemens fougueux de la jeuneffe, qui ouvrent le cœur aux impreffions de la féduction.

Un

Un reproche de cette efpece tombe donc par lui-même , & ne mérite qu'un parfait mépris.

SECONDE PROPOSITION.

Le mariage a été celebré avec le concours des deux Curez.

Cette propofition eft établie par l'Acte de celebration , qui n'eft point attaqué par la voye de l'infcription de faux. Ainfi tranquille fur la foi de cette preuve juridique, la veuve Tourton pourroit méprifer tous ces vains raifonnemens , qu'on employe pour l'affoiblir ; mais pour ne rien négliger dans une affaire où fon état eft engagé, elle fe croit obligée de faire fentir ici le peu de folidité des moyens qu'on lui oppofe.

Pour détruire la foi de l'Acte de celebration qui conftate le domicile de Barthelemi Tourton fur la Paroiffe de Saint Nicolas des Champs, Simeon Tourton avance deux faits, qui furement feroient décififs , s'ils étoient prouvez ; mais il s'en faut beaucoup qu'on foit parvenu à les établir.

Le premier de ces faits eft, que Barthelemi Tourton a toujours eu fon domicile à Lyon chez fa mere.

Le fecond, qu'il n'a jamais eu aucun domicile fur la Paroiffe de Saint Nicolas des Champs.

Pour parvenir à l'établiffement de fon premier fait, c'eft-à-dire, pour prouver que Barthelemi Tourton avoit fon domicile à Lyon , Simeon Tourton fait d'abord valoir l'article 5. de l'Edit de 1697. qui dit que le domicile des enfans de famille mineurs de 25 ans pour la celebration de leurs mariages eft celui de leurs peres , meres, Tuteurs ou Curateurs ; à cette difpofition de l'Edit Simeon Tourton ajoute un prétendu principe qu'il dit en être la confequence , fçavoir que les enfans de famille deve-nus majeurs confervent chez leurs peres & meres ce domicile qu'ils y ont eu en minorité, jufqu'à ce qu'il foit prouvé qu'ils l'ayent changé par l'éta-bliffement d'un domicile ailleurs.

De ces principes Simeon Tourton paffe à l'application , & par la com-binaifon qu'il a faite de ces faits, il a trouvé que pour arranger fon fyftê-me, il étoit important de ne faire naître Barthelemi Tourton qu'en 1678. c'eft de cette fuppofition qu'il part comme d'un point fixe & certain. Voici fon raifonnement.

Barthelemi Tourton, dit-il, eft né en 1678. il eft entré chez Jean-Claude Tourton fon oncle en 1693. il en eft forti & a quitté Paris au mois de Janvier 1702. Ainfi il étoit mineur lorfqu'il eft forti de chez fon oncle, puifqu'il n'avoit pas encore 23 ans. Confequemment il a confervé, quoique demeurant chez fon oncle, le domicile de minorité qu'il avoit à Lyon chez fa mere, n'ayant pas pû acquerir en minorité un domicile qui changeât celui de fon origine.

Ainfi , continuë notre Adverfaire , Barthelemi Tourton depuis fa naif-fance jufqu'à fa majorité arrivée en 1703. n'a point eû d'autre domicile que celui de fa mere à Lyon.

Après avoir ainfi reglé la minorité de Barthelemi Tourton , Simeon

Tourton s'efforce de prolonger ce domicile d'origine à Lyon pendant tout le temps de la majorité de Barthelemi Tourton , en difant que dans les intervalles de fes voyages , & de fes emprifonnemens , Barthelemi Tourton eft toujours revenu à Lyon, & qu'il n'a jamais fixé ailleurs fon domicile.

La confequence de tous ces raifonnemens eft que le Curé du domicile de Lyon , n'ayant point été appellé à la célébration du mariage de Barthelemi Tourton , ce mariage eft abufif, comme étant célébré hors la préfence du propre Curé.

Tous ces argumens fe détruifent par la réponfe qu'on va faire dans la fuite fur le fecond fait ; car fi Barthelemi Tourton a acquis en pleine majorité un domicile de fait fur la Paroiffe de Saint Nicolas des Champs, comme on le va voir, toutes ces impreffions du domicile d'origine s'évanouiffent. Mais avant de paffer à l'établiffement de ce fecond fait, il eft bon de placer ici une réponfe détaillée qui dévelope le paralogifme dans lequel Simeon Tourton eft tombé pour faire revivre le domicile d'origine de Barthelemi Tourton , en fuppofant comme une confequence de l'Edit de 1697. une prétenduë maxime qui n'y a aucun trait.

Ainfi pour reprendre l'objection de Simeon Tourton jufques dans fes principes, on commence par reconnoître la verité de la maxime établie dans l'article 5. de l'Edit de 1697. par lequel le Legiflateur declare *que le domicile des fils & filles de famille , mineurs de 25 ans, pour la celebration de leurs mariages eft celui de leurs peres , meres, ou de leurs Tuteurs ou Curateurs.* Mais on ne voit point que le prétendu principe avancé par Simeon Tourton foit une confequence jufte & neceffaire de la difpofition de cet article. On trouve au contraire que c'eft une propofition hazardée, de foutenir que les enfans de famille devenus majeurs confervent toute leur vie leur domicile d'origine chez leurs peres & meres, jufqu'à ce qu'il foit prouvé qu'ils l'ayent changé par l'établiffement d'un domicile ailleurs.

En effet le domicile que l'Edit de 1697. attribuë aux mineurs dans la maifon de leurs peres & meres, n'eft qu'un domicile de fiction , qui n'ayant pour objet que le temps de la minorité, ceffe neceffairement dès que les enfans font devenus majeurs.

Que ce domicile foit purement de fiction , c'eft ce qui ne fcauroit jamais faire la matiere d'un doute raifonnable ; car la fiction , fuivant le langage des Loix , n'eft autre chofe qu'une fuppofition que la Loi fait paffer dans certains cas pour la verité même. *Fictio eft veritati contraria pro veritate affumptio.*

Or dans l'efpece le domicile que l'Edit de 1697. indique aux mineurs dans la maifon paternelle, n'eft très-fouvent qu'une fuppofition, *veritati contraria* ; parce que les mineurs peuvent avoir ailleurs un domicile de fait , comme le dit formellement l'Edit de 1697. *& en cas qu'ils ayent un autre domicile de fait , &c.* Conféquemment ce domicile de minorité, qui eft purement fictif, s'évanouit dès que l'objet de la fiction ne fubfifte plus, c'eft-à-dire, dès que les temps de minorité font écoulez, parce que toutes les fictions font bornées au cas feul qui fait leur objet , & qu'elles ceffent d'avoir lieu dès que la caufe qui leur donnoit l'être, eft éteinte, *fublatâ fictionis caufâ , fictio perimitur.* Dès qu'il n'y a plus de minorité, le domicile que Loi feint uniquement pour les temps de minorité, est anéanti de droit.

Il ne faut donc pas dire que les enfans de famille devenus majeurs confervent toute leur vie leur domicile d'origine chez leurs peres & meres, jufqu'à ce qu'il foit prouvé qu'ils l'ayent changé par l'établiffement d'un domicile ailleurs. Le fils de famille devenu majeur fans avoir acquis un domicile de fait par une habitation fuivie, devient un homme errant, fans domicile, *vagus dicitur* ; & il feroit ridicule de le reporter après trente ans d'une vie errante à fon domicile de minorité, domicile fictif, dont l'impreffion a dû neceffairement ceffer avec la minorité.

Il eft inutile de nous citer les Loix Romaines qui font ici fans application. Le domicile d'origine dont parle Godefroy fur la Loi 6. au Digefte *ad municipalem*, eft bien different de celui dont il s'agit ici ; lorfqu'il dit que *domicilium naturale nativitatis propriè mutari non poteft, accidentale, feu incolatus poteft* ; il entend par le domicile naturel que la naiffance nous donne, le lien qui nous attache pour toujours à notre Patrie en qualité de Citoyens, lien dont nous ne fommes jamais les maîtres de nous affranchir, comme Ulpien le dit dans la Loy 6. qu'on vient de citer ; & c'eft auffi ce que porte en termes précis la Loy 4. au Code *de Incolis*. Voilà ce que difent Godefroy & Bartole fur cette même Loi ; mais ces Jurifconfultes n'ont jamais prétendu que le domicile proprement dit, que nous acquerons en naiffant dans un lieu, fe conferve perpetuellement, à moins qu'il ne foit changé par l'établiffement d'un domicile ailleurs, autrement il faudroit dire qu'il eft impoffible qu'un homme foit fans domicile, ce qui feroit un vrai paradoxe contraire aux difpofitions des Loix & des Conciles, qui reconnoiffent qu'il y a des gens qui n'ont aucun domicile. C'eft l'éfpece de la Loy 5. & de la Loy 27. au Digefte *ad municip.* & du chapitre VII. de la feffion XXIV. du Concile de Trente. C'eft auffi ce que remarque Me Denys Godefroy fur la Loy 7. au Code *de Incolis*.

Le prétendu principe avancé par Simeon Tourton fur la prolongation du domicile d'origine, eft donc évidemment faux. Le domicile d'origine, tel qu'il eft défigné par l'Edit de 1697. n'eft qu'un domicile de fiction, qui ceffe dès l'inftant de la majorité ; d'où il faut conclure dans notre éfpece, que fi Barthelemi Tourton depuis fa majorité n'avoit point acquis un domicile de fait ailleurs qu'à Lyon, lieu de fon origine, il ne faudroit pas, pour décider de la validité de fon mariage, recourir à ce domicile d'origine qui n'a lieu que dans la minorité ; mais il faudroit regarder Barthelemi Tourton comme un homme fans domicile, & perpetuellement errant depuis fa majorité. *Labeo indicat eum, qui pluribus locis ex æquo negotietur, nufquam domicilium habere.* ∗

∗ *Leg. Labeo ad Mun.*

Ecartons donc toutes les idées de ce domicile d'origine, que Simeon Tourton voudroit faire renaître. Jamais ce domicile fictif de minorité ne fcauroit revivre. On foutient qu'il eft ridicule de vouloir reproduire aujourd'hui une fiction anéantie par un fi long efpace d'années.

Ainfi fixons-nous d'abord à ce point démontré dans le droit, qu'après la majorité acquife le domicile de minorité n'eft d'aucune confideration, foit que le mineur fe foit établi ailleurs un domicile de fait, foit que toujours errant il n'ait acquis aucun domicile.

Ces principes une fois rétablis, fuivons les raifonnemens de Simeon Tourton, & voyons s'il nous prouve, comme il l'avance, 1°. Que Barthelemi Tourton foit forti mineur de Paris. 2°. Qu'il ait continué de fait fon domicile à Lyon ; car ce font-là les faits que Simeon Tourton pretend avoir démontrez.

Il place la naiffance de Barthelemi Tourton au mois d'Avril 1678. pour en conclure qu'au commencement de l'année 1702. temps de fa fortie de Paris, il étoit encore mineur. Mais quelle preuve rapporte-t'il pour conftater cette époque de la naiffance ? Un chiffon infiniment fufpect, écrit d'une main inconnuë, qu'on prétend être un extrait du Regiftre de Louis Tourton pere de Barthelemi. Mais cette feuille informe qui ne porte avec elle aucun caractere de verité, ne fçauroit jamais faire aucune foi en Juftice pour déterminer l'âge de Barthelemi Tourton. Ce prétendu extrait n'a jamais été collationné, n'a jamais été certifié par aucun homme public ; c'eft un écrit abfolument hazardé, qui ne fçauroit faire la plus legere impreffion. Ainfi on ne nous prouve point que Barthelemi Tourton fût encore mineur lorfqu'il a quitté Paris au mois de Janvier 1702.

Mais lorfqu'on voit que le Mariage des pere & mere de Barthelemy Tourton eft du commencement de l'année 1676. ne peut-on pas dire, & n'y a-t-il pas lieu de croire que Barthelemy Tourton qui a été le premier fruit de ce Mariage, eft né au commencement de l'année 1677, & qu'ainfi au commencement de l'année 1702. temps auquel il eft forti de Paris, il étoit pleinement majeur.

Or dans le temps que Barthelemy Tourton eft forti de Paris, c'eft-à-dire, après avoir atteint la majorité, il avoit acquis un domicile de fait à Paris où il demeuroit depuis neuf ans fur la Paroiffe de S. Germain l'Auxerrois.

S'il étoit donc vrai que dans la fuite il n'eût acquis aucun autre domicile, il faudroit toujours convenir qu'ayant demeuré neuf ans fur cette Paroiffe de S. Germain l'Auxerrois, qu'il n'auroit quittée qu'en majorité, il y auroit acquis un veritable domicile Paroiffial qui auroit dès-lors, dans les principes mêmes de notre Adverfaire, effacé l'impreffion du domicile d'origine ; d'où il s'enfuivroit que fon Mariage ayant été celebré par le Curé de cette Paroiffe, on ne pourroit pas dire qu'il eût été celebré hors la prefence du propre Curé, puifque dans le fait la celebration fe trouveroit avoir été faite par le Curé de fon dernier domicile. C'eft ce qu'on examinera plus particulierement dans la fuite.

Voyons prefentement fi depuis ce domicile de fait acquis à Paris dès 1702. fur la Paroiffe de S. Germain l'Auxerrois, Barthelemy Tourton a formé un établiffement & pris un domicile à Lyon ; car c'eft ce qui nous refte à examiner fur le premier fait avancé par Simeon Tourton.

On vient de voir Barthelemy Tourton après neuf ans de domicile fur la Paroiffe de S. Germain l'Auxerrois, fortir de Paris au commencement de Janvier 1702. Il arrive à Lyon le 28 du même mois de Janvier 1702, & marque à fon oncle de Londres, que fi Jean-Claude Tourton fon oncle de Paris eft en difpofition de le reprendre chez lui, il eft prêt de partir. Cette Lettre marque bien clairement un efprit de retour pour Paris, & une réfolution formée de ne pas demeurer à Lyon.

Dans

Dans une autre Lettre du 25 Avril 1702. il marque encore à son oncle *qu'il se dispose à retourner à Paris huit jours après la date de sa Lettre.* Aussi s'y rendit-il dès le commencement du mois de May 1702 , ensorte qu'il ne séjourna à Lyon qu'environ trois mois.

De retour à Paris , il y resta quelques mois, & fut obligé de partir pour la Hollande. Son voyage dura environ un an & demi, ensorte qn'en 1704. il revint à Paris, & rentra chez son oncle qui demeuroit alors sur la Paroisse de S. Germain l'Auxerrois, d'où il passa à la S. Remy de la même année 1704. sur la Paroisse de S. Nicolas des Champs. Barthelemy Tourton l'y suivit , & ce fut pendant son séjour sur cette Paroisse , qu'il fut arrêté & conduit à S. Lazare le 3. Janvier 1705 , d'où il sortit le 30 May 1707.

Au mois de Juin 1707. il étoit à Orleans , comme il paroît par une de ses Lettres. D'Orleans il revint à Paris, & passa à Lyon, où il ne séjourna pas long-tems, puisque sur les mécontentemens qu'il recevoit de sa famille, il écrit à son oncle dans une Lettre du mois d Octobre 1707 , *que plûtôt que d'aller chez sa mere à Lyon , il aimeroit mieux mille fois se mettre simple Soldat.* Ce sont ses termes qui certainement n'annoncent pas un esprit de retour pour Lyon.

Pour éviter la persécution qu'on lui faisoit essuyer sans cesse, Barthelemy Tourton en 1708. tourna ses pas du côté de la Provence ; mais cet éloignement ne le garantit point du coup dont il étoit menacé ; il y fut arrêté par des ordres secrets, & constitué Prisonnier au Château d'If, où il resta jusqu'en 1713. Dans une Lettre qu'il écrivit alors le 9 May à son oncle de Lyon , il lui dit: *Je me flatte , & je ne fais aucun doute que vous ne fassiez tout votre possible pour me faire rentrer chez mon oncle de Paris.* Voilà l'esprit de retour pour Paris bien marqué.

Effectivement , quelques mois après sa sortie , Barthelemy Tourton revint à Paris pour tâcher de regagner les bonnes graces de son oncle ; mais celui-ci n'ayant pas fait à son neveu un accueil bien favorable , Barthelemy Tourton se proposa de faire un voyage à Nantes pour voir s'il y auroit lieu d'y faire un commerce avantageux. Il passa par Lyon , où son oncle lui donna des Lettres de recommandation pour les Marchands de Nantes. Mais sa famille ne lui donnant pas les fonds nécessaires , l'entreprise ne fut pas heureuse : Il se trouva réduit à des extrêmités violentes , quelques Lettres de Change furent protestées , ce qui occasionna l'emprisonnement de Barthelemy Tourton au Château de Nantes, où il resta jusqu'au 5. May 1722 , comme Simeon Tourton en convient.

Certainement jusqu'ici l'on ne voit point que Barthelemy Tourton ait acquis , ni même qu'il ait eu envie d'acquerir aucun domicile à Lyon. Quand on réuniroit les differens sejours passagers qu'il a fait à diverses reprises dans cette Ville depuis 1702. temps auquel il est sorti de Paris , jusqu'en l'année 1722. qui fait l'époque de sa sortie du Château de Nantes, on ne trouveroit pas même une habitation d'une année ; on voit d'ailleurs dans toutes ses Lettres un esprit de retour perpetuel pour Paris , & un éloignement infini pour Lyon.

Ainsi en résumant les observations qu'on vient de faire sur le prétendu domicile de Lyon , on voit clairement.

1º. Que Barthelemy Tourton depuis sa sortie de Paris en 1702. n'a jamais confervé un domicile *de droit* à Lyon , foit parce qu'il étoit majeur quand il a quitté Paris , où il avoit acquis un domicile de fait fur la Paroiffe de Saint Germain l'Auxerrois , dans laquelle il a été marié , domicile qui feul feroit fuffifant pour la validité de fon mariage , foit parce que le domicile de minorité indiqué par l'Edit de 1697. n'eft qu'un domicile de fiction , qui n'ayant lieu que pour les temps de minorité , ceffe dès l'inftant que la majorité eft acquife.

2°. Il eft prouvé par les Pieces mêmes que Simeon Tourton produit , que jamais Barthelemy Tourton n'a acquis un domicile *de fait* à Lyon , où il n'a jamais féjourné qu'en paffant , & toujours avec un efprit de retour pour Paris qui s'explique & fe developpe dans toutes fes Lettres.

Voyons donc prefentement fi l'on nous prouve que Barthelemy Tourton n'ait jamais eu aucun domicile fur la Paroiffe de Saint Nicolas des Champs ; car c'eft le fecond fait que Simeon Tourton a avancé , & qu'il eft obligé de prouver , fans quoi l'Acte de celebration fait foi , *nifi falfitas inftrumenti arguatur per probationes idoneas , fides inftrumenti ftat inconcuffa ,** dit M. Cujas. Il faut donc que Simeon Tourton prouve d'une maniere précife & pofitive que Barthelemy Tourton n'a jamais eu de domicile fur la Paroiffe de Saint Nicolas des Champs , autrement il eft hors de doute que la foi demeurera toujours à l'Acte de celebration.

Pour parvenir à la preuve de ce fait negatif , il faut prouver que dans le temps même où l'on fuppofe Barthelemy Tourton domicilié à Paris fur la Paroiffe de Saint Nicolas des Champs , il étoit ailleurs.

La veuve Tourton pour fixer un domicile à fon mary fur la Paroiffe de Saint Nicolas des Champs , part d'un point de fait qui ne lui eft pas contefté , fçavoir que Barthelemy Tourton fortit du Château de Nantes le 5 May 1722. la veuve Tourton foutient que depuis cette époque jufqu'au 18 Mars 1724. temps de fon emprifonnement à Charenton , il demeura à Paris ruë Saint Martin Paroiffe de Saint Nicolas des Champs ; ce qui forme un féjour de près de deux années , beaucoup plus que fuffifant pour établir un domicile Paroiffial.

La veuve Tourton obferve que pendant ce féjour Barthelemy Tourton refolu de fe fixer à Paris , alla à Lyon au mois de Mars 1723. pour vendre les biens qui lui étoient échûs de la fucceffion de fon pere dès l'année 1699. ce qu'il fit par Acte du 18 du même mois de Mars 1723. au moyen de cette vente Barthelemy Tourton dégagé de tout ce qui pouvoit l'attacher à un Pays qu'il n'aimoit pas , revint auffi-tôt à Paris , en forte que fon voyage ne dura pas un mois ; & certainement on ne dira pas que ce voyage ait fait ceffer le domicile que Barthelemy Tourton avoit fur la Paroiffe de Saint Nicolas des Champs.

Tout ce qu'on oppofe pour tâcher de faire tomber ce domicile , fe réduit à dire qu'à fon retour de Lyon Barthelemy Tourton demeura en chambre garnie fur differentes Paroiffes , & l'on croit prouver ce fait par des Certificats mandiés de ces prétendus Aubergiftes pendant le cours du Procès.

Mais en premier lieu , il faut obferver que ces Certificats font autant d'Actes extrajudiciaires qui ne portent point le caractere de preuve , & qui ne font aucune foi en Juftice , parce que ni la Religion du ferment , ni aucune autre formalité judiciaire n'en affure la fincerité.

En fecond lieu , une remarque qu'il eft très-important de faire , c'eft qu'il arrive très-fouvent à des perfonnes domiciliées dans Paris d'avoir en Ville une chambre garnie, ce qui n'empêche point qu'elles n'ayent ailleurs leur domicile. Cette précaution eft affez ordinaire à des gens de plaifir , qui pour garder de certaines bienféances indifpenfables , & pour dérober à des yeux incommodes la connoiffance de leurs intrigues , ont befoin d'un azyle fecret & myfterieux ; c'eft un entrepôt de galanterie que Barthelemy Tourton étoit affez capable de fe menager , fi l'on en croit le portrait qu'en fait notre Adverfaire.

Il feroit donc d'une confequence infiniment dangereufe , de regarder ces demeures paffageres & clandeftines , *voluptatis latibula* , comme des Actes capables de détruire un domicile formé ailleurs , & conftaté par un Acte de celebration.

La veuve Tourton foutient donc avec confiance qu'il n'y a aucunes preuves qui détruifent le domicile de fon mary fur la Paroiffe de Saint Nicolas des Champs , domicile, qui attefté par l'Acte de celebration doit dès-là demeurer pour conftant, lorfqu'on ne rapporte point de preuves écrites, qui établiffent le fait contraire.

Après avoir prouvé que Barthelemy Tourton n'avoit à Lyon ni domicile de droit, ni domicile de fait, & que fon veritable domicile étoit à Paris fur la Paroiffe de Saint Nicolas des Champs, la veuve Tourton pourroit s'en tenir à ce point de verité , qu'elle croit au-deffus de toute atteinte ; mais elle prétend ici parer à toutes les fubtilités qui lui peuvent être oppofées , & elle fupplie la Cour de vouloir bien la fuivre dans les réflexions fubfidiaires qu'elle lui va prefenter ; reflexions qui feroient extrémement importantes , s'il y avoit des preuves plus fortes que l'Acte de celebration , qui détruififfent le domicile de fon mary fur la Paroiffe de Saint Nicolas des Champs.

C'eft donc dans cette derniere fuppofition qu'elle veut bien fe placer, afin de ne laiffer , s'il eft poffible , aucune reffource aux chicanes de fon Adverfaire. Elle commence par faire abftraction du fait capital qu'elle a établi , fçavoir que fon mari avoit acquis & beaucoup aude-là le domicile paroiffial dans la rue Saint Martin , Paroiffe S. Nicolas des Champs. Elle feint ici pour un moment que ce domicile foit anéanti par une preuve victorieufe : quel fera dans cette hypothefe le fort de fon mariage ? C'eft ce qu'elle fe propofe d'examiner.

Si l'on prouvoit que Barthelemy Tourton n'eût eu aucun domicile fur la Paroiffe Saint Nicolas des Champs depuis 1722. temps auquel il eft forti du Château de Nantes , jufqu'en 1724. temps de fon emprifonnement à Charenton , on feroit forcé de reconnoître que depuis fa fortie de chez fon oncle en 1702. jufqu'à fon mariage, il n'avoit acquis aucun domicile.

En effet , nous avons démontré que depuis cette époque de l'année 1702. jufqu'en 1722. il n'avoit eu ni domicile de droit, ni domicile de fait à Lyon , & Simeon Tourton n'a jamais prétendu lui en attribuer ailleurs.

D'un autre côté on ne fçauroit dire que depuis 1722. il ait acquis à

Lyon un domicile paroiſſial , puiſqu'on eſt fort éloigné de prouver que depuis 1722. il y ait fait aucun ſéjour , ſi ce n'eſt pendant un voyage d'un mois au plus, qu'il y fit en 1723. pour y vendre le peu de bien qu'il avoit dans le Pays ; car Simeon Tourton convient qu'après cette vente qui eſt du mois de Mars 1723. il revint à Paris.

Or ſi des voyages continuels , ſi des détentions forcées , ſi des logemens de paſſage dans des Auberges , n'ont acquis à Barthelemy Tourton le domicile paroiſſial en aucun endroit depuis 1702. il s'enſuit néceſſairement que ce même enchaînement de courſes & d'empriſonnemens ne lui a point fait perdre le domicile qu'il pouvoit alors avoir acquis , ſuivant la Loi 27. au Digeſte *ad municipalem domicilium poteſt & relegatus eò loci undè arcetur.* On ne s'arrêtera point à prouver par de plus longs raiſonnemens cette conſéquence , parce qu'elle eſt dans les principes mêmes de notre Adverſaire.

Ainſi dans la ſuppoſition que nous venons de faire , il faut néceſſairement revenir au domicile que Barthelemy Tourton avoit en 1702. ſur la Paroiſſe de Saint Germain l'Auxerrois , & pour lors la queſtion ſe réduit à ſçavoir ſi dans ce temps Barthelemy Tourton avoit acquis un domicile paroiſſial ſur Saint Germain l'Auxerrois : l'affirmative ne ſera pas difficile à prouver.

Il eſt bien certain que le domicile paroiſſial s'acquiert par le fait , c'eſt à-dire par une habitation ſuivie ſur une Paroiſſe pendant un an ou ſix mois ; or on convient que Barthelemy Tourton a demeuré ſur la Paroiſſe de Saint Germain l'Auxerrois pendant neuf ans , c'eſt-à-dire depuis 1693. juſqu'en 1702. il y a donc acquis un domicile paroiſſial.

Mais , dit-on , il étoit mineur , & pendant ſa minorité il ne pouvoit ſuivant l'Edit de 1697. avoir d'autre domicile que celui de ſes pere & mere à Lyon ; ainſi la demeure qu'il a faite en minorité ſur la Paroiſſe de Saint Germain l'Auxerrois , n'a pas pû lui acquerir un domicile paroiſſial.

On a déja répondu à ce mauvais raiſonnement.

1°. La veuve Tourton a remarqué qu'il n'étoit pas prouvé que Barthelemy Tourton fût mineur en 1702. qu'il étoit au contraire vraiſemblable qu'alors il avoit 25 ans accomplis.

2°. Elle a fait voir que ſuivant l'Edit de 1697. le mineur pouvant avoir deux domiciles , l'un *de droit* chez ſes pere & mere , & l'autre *de fait* dans le lieu qu'il habite , ce domicile *de droit* n'eſt qu'un domicile de fiction qui ceſſe avec la minorité qui en faiſoit l'objet.

Elle ajoute ici qu'il n'en eſt pas de même du domicile *de fait* acquis en minorité , & elle ſoutient que le temps de ce domicile commencé ou acquis en minorité , eſt compté utilement pour le mineur , dont le mariage ne ſe celebre qu'en majorité.

En effet, ſuivant nos mœurs, un homme ſous quelque face qu'on enviſage ſa ſituation , ne ſçauroit jamais avoir qu'un domicile , parce qu'il ne ſçauroit être qu'en un lieu , & que c'eſt la réſidence dans ce lieu qui forme le domicile. Mais on a trouvé qu'à la faveur de cette maxime les mineurs pouvoient impunément braver l'autorité paternelle , & contracter

ter

ter des mariages clandeſtins, en quittant la maiſon des pere & mere, pour ſe procurer ailleurs un domicile paroiſſial, qui pût authoriſer un Prêtre à leur adminiſtrer le Sacrement de Mariage. Pour prévenir ces inconveniens ſi dangereux dans les familles , le Legiſlateur par l'Edit de mil ſix cens quatre-vingt-dix-ſept a mis un frein à la licence de ceux qui par leur minorité ſe trouvent encore engagez dans les liens de la puiſſance paternelle : il a fait pour ces mineurs une exception à la regle generale, qui veut qu'un homme n'ait qu'un domicile , ſçavoir le lieu où il réſide ; il a déclaré que les mineurs qui auroient un domicile *de fait* ailleurs que chez leurs pere & mere, auroient encore un domicile *de droit* dans la maiſon paternelle ; c'eſt-à-dire qu'outre la publication de bans néceſſaire dans le lieu de leur domicile *de fait* , ils ſeroient encore obligez de faire cette publication ſur la Paroiſſe du domicile des pere & mere. Telle eſt aſſurément la diſpoſition & l'eſprit de l'art. 5. de l'Edit de 1697. qui preſente deux conſequences néceſſaires.

La premiere , que le domicile *de droit* chez les peres & meres , n'eſt qu'une pure fiction qui ceſſe avec la minorité ; car en cela l'objet & l'effet de la Loy eſt moins de former un domicile pour le mineur dans la maiſon de ſes pere & mere pendant qu'il demeure ailleurs , que de l'adſtraindre à la néceſſité de faire publier ſes bans ſur ce domicile de ſes pere & mere ; cela a été prouvé ; d'ailleurs c'eſt une verité aſſez ſenſible pour n'avoir pas beſoin de preuve.

La ſeconde conſequence qui reſulte de l'Edit de 1697. eſt que ſi les mineurs peuvent acquerir ailleurs que chez les peres & meres un domicile *de fait* pendant leur minorité , comme cela n'eſt pas douteux aux termes de l'Edit , il s'enſuit néceſſairement qu'en ſe mariant en majorité, ils peuvent compter pour ſe former un domicile paroiſſial , le temps pendant lequel ils ont demeuré en minorité ſur une Paroiſſe, lorſque depuis ce temps ils n'ont point acquis de domicile ailleurs, comme dans notre eſpece.

Pour rendre cette propoſition plus claire & plus ſenſible, ſervons-nous d'un exemple, & feignons Titius mineur, arrivant de Lyon à Paris à l'âge de 24 ans. Le voilà ſorti de la maiſon paternelle en minorité, & comme il change de Dioceſe, il lui faut un an pour acquerir domicile à Paris. Il y demeure effectivement pendant une année ſur la Paroiſſe de S. Germain l'Auxerrois ; enſorte qu'à la fin de cette année il a acquis, & la majorité, & le domicile Paroiſſial. Par ſa qualité de majeur, il n'eſt plus obligé de faire publier ſes Bans ſur la Paroiſſe de ſes pere & mere à Lyon, puiſque l'Edit n'exige cette formalité que pour ceux qui ſe marient en minorité ; ce qui ſignifie la même choſe que ſi l'on diſoit qu'il n'a plus le domicile *de droit* attaché à la minorité : d'un autre côté il a acquis le domicile Paroiſſial d'un an, requis par la Loy ; domicile qui s'acquiert par le fait ſeul, c'eſt-à-dire, par le ſéjour d'une année ſur une Paroiſſe ; domicile enfin indépendant de l'âge, puiſqu'on peut auſſi-bien demeurer dans un lieu à vingt ans qu'à trente. Car la difference marquée par la Loy entre le mineur & le majeur au ſujet des domiciles, ne tombe pas ſur le tems pendant lequel le domicile pour le mariage ſe forme & s'acquiert , mais ſur le tems auquel le mariage ſe celebre ; c’eſt-à-dire que l’Edit ne porte pas que pendant la minorité, le mineur ne puiſſe acquerir un domicile de fait ailleurs que chez ſes pere & mere, & que ce ſoit-là le point de difference qui ſoit entre le majeur & lui, mais que ce domicile de fait acquis en minorité n’eſt pas ſuffiſant, & qu’il faut encore recourir au domicile d’origine, dans le cas précis où ce mineur ſe marie en minorité, en quoi il differe du majeur qui n’a jamais beſoin que du domicile *de fait*. Il ſeroit donc ridicule de prétendre dans l’eſpece de Titius qu’on vient de propoſer, que ſon mariage fût abuſif faute de domicile.

Or cette eſpece eſt la même que la nôtre, puiſque dans l’une & dans l’autre on voit d’un côté un domicile formé & acquis en minorité, domicile qui n’eſt point détruit par l’acquiſition d’un autre domicile ailleurs, & que d’un autre côté on trouve un mariage qui n’eſt celebré ſur la Paroiſſe de ce domicile qu’après la majorité acquiſe.

Ainſi en ſuivant toujours notre hypotheſe, c’eſt-à-dire en ſuppoſant que le domicile ſur la Paroiſſe de S. Nicolas des Champs ne fût pas certain (ce qui n’eſt pas) il faudroit dans le propre ſyſtême de notre Adverſaire, au lieu de remonter au domicile d’origine à Lyon, revenir au dernier domicile *de fait* de Barthelemy Tourton qui étoit, comme on en convient, ſur la Paroiſſe de S. Germain l’Auxerrois, & dans ce cas le mariage fait ſur la Paroiſſe de S. Germain l’Auxerrois ſe trouveroit avoir été celebré par le propre Curé des Parties.

Enfin pour épuiſer toutes les reſſources de Simeon Tourton, paſſons à une ſeconde hypotheſe, & ſuppoſons que depuis la majorité qui a fait évanoüir le domicile de droit, Barthelemy Tourton n’ait jamais acquis de domicile ni à Paris ni ailleurs juſqu’au tems de ſon mariage ; car enfin c’eſt à ce dernier état d’homme errant & vagabond, que Simeon Tourton paroît le réduire. Prêtons-nous donc pour un moment à cette derniere idée, & voyons ſi dans cette ſuppoſition le mariage de Barthelemy Tourton a pû être valablement celebré par le Curé de S. Germain l’Auxerrois.

L’examen de cette derniere hypotheſe preſente la queſtion de ſçavoir ſi un majeur errant & ſans domicile a pû contracter mariage avec une femme majeure, dans la Paroiſſe de cette femme, & par le miniſtere de ſon Curé, après les publications de Bans faites dans cette Paroiſſe ; un tel mariage eſt-il nul ? On ſoutient avec confiance que cette queſtion n’en ſçauroit jamais faire une, & qu’il eſt indubitable qu’en pareil cas le mariage eſt valable.

Pour établir cette propoſition qu’on veut bien examiner ici par ſurabondance de droit, il faut d’abord obſerver que les Loix qui exigent un domicile Paroiſſial pour la validité du mariage, n’ont aucune application contre ceux que leur état a mis dans l’impoſſibilité d’en acquerir un, puiſqu’en ce cas la Loy exigeroit l’impoſſible ; tels ſont, par exemple, les Porteurs de balles, les Ouvriers, les Pelerins qui paſſent leur vie à errer de Villes en Villes, de Provinces en Provinces, & ſouvent même de Royaumes en Royaumes. Ces ſortes de gens n’ont point de domicile ſuivant la Loy 27 au Dig. *ad municip. Si quis domicilio relicto naviget, vel iter faciat, quærens quò ſe conferat, atque ubi conſtituat, hunc puto ſine domicilio eſſe,* dit

Ulpien dans cette Loy. Cependant il n'y a jamais eu de Conftitution Canonique ni de Loy de l'Etat, qui ait interdit aux gens de cette efpece la faculté de fe marier, parce que réellement la vie errante qu'ils menent ne produit point en eux d'incapacité ni d'empêchemens dirimans, & que d'un autre côté les Loix Ecclefiaftiques ni les Loix politiques ne permettent pas de differer l'adminiftration du Sacrement jufqu'à ce que le domicile foit formé, parce qu'il en naîtroit une infinité d'abus contraires à l'efprit de la Religion, & préjudiciables au bien de l'Etat.

Le Concile de Trente qui parle dans la ceffion XXIV. ch. VII. du Mariage des vagabonds, reconnoît en eux la capacité de fe marier; mais en même temps il obferve que la probité de ces fortes de gens eft fufpecte; & qu'il peut être dangereux de leur conferer la Benediction nuptiale, parce que, lorfqu'ils fe prefentent pour contracter, rien n'affure qu'ils ne foient pas déja engagés dans les liens d'un premier Mariage, rien ne juftifie que la majorité les ait affranchis de la puiffance paternelle. C'eft pour prévenir en cela la prophanation du Sacrement, que le Concile avertit charitablement les Pafteurs de ne pas adminiftrer à la legere le Mariage à ces fortes de perfonnes. *Cui morbo cupiens fancta Synodus occurrere, omnes, ad quos fpectat, paternè monet ne hoc genus hominum vagantium ad matrimonium facilè recipiant.* Il exhorte en même-temps les Puiffances féculieres à empêcher les abus que ces fortes de vagabonds pourroient commettre. *Magiftratus etiam faculares hortatur, ut eos feverè coerceant.* Enfin pour prendre les précautions les plus exactes qu'on puiffe employer en pareil cas, le Concile ordonne aux Curés de differer la celebration de ces fortes de Mariages jufqu'à ce qu'ils fe foient informés de la qualité du vagabond qui fe prefente, & qu'ils ayent obtenu une permiffion de l'Ordinaire. *Parochis autem præcipit, ne illorum matrimoniis interfint, nifi priùs diligentem inquifitionem fecerint, & re ad Ordinarium delatâ, ab eo licentiam id faciendi obtinuerint.*

Telle eft la difpofition du Concile de Trente fur le Mariage des vagabonds: mais il faut obferver, 1°. Que le Concile de Trente n'eft point obfervé comme Loi de l'Eglife en France en ce qui concerne la Difcipline. 2°. Que jamais aucune Ordonnance n'a adopté la difpofition du Chapitre qu'on vient de citer. 3°. Qu'il ne faut pas confondre les vagabonds dont parle le Concile, tels que font les Gueux, les Bohemiens & les Farceurs, avec ceux qui n'ont point de domicile, par la feule raifon que l'exercice de leur Art, la néceffité de leur Commerce ou des interêts particuliers les obligent de paffer journellement de Villes en Villes, & de Pays en Pays. La vie errante des premiers eft un crime, auffi font-ils punis par les Loix de l'Etat. Mais on ne trouve rien dans la conduite des autres qui puiffe rendre leur probité fufpecte. Or c'eft des premiers que le Concile parle, & dont il dit, *ut improbi funt ingenii.* C'eft uniquement pour les Mariages de ces fortes de gens équivoques qu'il exige des Curés une efpece d'information & une permiffion de l'Ordinaire. A l'égard des Marchands, des Ouvriers & des autres que leur état met dans la neceffité de voyager, il n'eft point parlé d'eux dans le Concile.

Mais ce qu'il eft très-important de remarquer fur ce Chapitre du Concile, c'eft qu'en parlant même du Mariage des vrais vagabonds, il ne prononce point de peine *irritante* contre un tel Mariage, qui auroit été celebré sans la permission de l'Ordinaire. Ainsi il est constant que le défaut de cette formalité scrupuleuse prescrite uniquement au Curé, & totalement indépendante du fait desParties, n'annulle pas un Mariage celebré d'ailleurs canoniquement, & suivant les formalités les plus rigoureuses de nos Ordonnances.

En effet le Mariage étant l'engagement le plus saint & le plus indissoluble que les hommes puissent jamais contracter, il faut que les irregularités, que les deux Puissances pourroient regarder comme capables de dissoudre ce lien sacré, soient declarées telles en termes bien formels & bien énergiques, afin qu'il ne dépende pas de la subtilité de quelques faux Rigoristes d'aneantir un Sacrement, & de rompre par un excès de scrupule, une union formée par les mains de Dieu même.

Il est vrai qu'un Mariage dans la celebration duquel on a violé les Loix de l'Eglise & de l'Etat, devient un Acte de prophanation qui merite toute la severité de la Justice; mais peut-il y avoir une prophanation dans un cas que la Loi a prévû, & dans lequel cependant elle ne prononce point cette peine terrible qui brise les nœuds du Sacrement? La sainteté de la Religion, & l'interêt de la Societé n'exigent-ils pas qu'en pareille circonstance le Magistrat incertain se rappelle ces ordres du Dieu dont il veut interpreter la Loy, *Quod Deus conjunxit, homo non separet?* Effectivement dans la these presente, ne seroit-ce pas l'authorité seule de l'homme qui separeroit ce que Dieu auroit joint, puisqu'aucune Loi ne prononce cette separation?

Lorsque le Concile a voulu prévenir ou réprimer des abus qui attaquoient l'essence du Sacrement; par exemple, dans le chapitre 1. de la même Session xxiv. en parlant du défaut de la presence du Prêtre & des Témoins, il prononce la peine de nullité d'une maniere bien précise : *Eos sancta Synodus ad sic contrahendum omninò inhabiles reddit, & hujusmodi contractus irritos & nullos esse decernit, prout eos præsenti decreto irritos facit, & annulat.* Mais dans l'espece du chapitre vii. de la même Session, il n'y a point de *clause irritante*, il n'y a point de peine de nullité prononcée; d'où l'on peut conclure avec assurance que l'intention du Concile n'a point été d'annuller dans l'espece qu'il propose, le mariage d'un homme sans domicile, celebré par le Curé de la femme sans permission de l'Ordinaire.

On soutient que le silence du Concile fournit ici un argument sans replique qui prouve la validité du mariage; mais plus on voudra examiner cette question de près, moins on la trouvera susceptible de difficulté.

Qu'on réunisse les dispositions les plus rigoureuses des Loix, pour exiger le concours des deux Curez; en un mot qu'on se place dans le point d'exactitude le plus severe, tant qu'on ne sortira point des bornes de la question, il en faudra toujours revenir à un raisonnement bien simple que voici.

Les Loix de l'Eglise & de l'Etat, reconnoissent qu'un homme peut être sans domicile : Ortout homme qui n'a point de domicile, n'a point de Curé, & dès-là ne peut point faire intervenir à la celebration de son mariage un Curé qu'il n'a pas; d'où il résulte que cet homme, à qui d'ailleurs la Loy n'a point interdit la liberté de se marier, peut canoniquement recevoir la bénédiction nuptiale par le ministere seul du Prêtre, qui est le Curé de la femme qu'il épouse.   Cette

Cette queſtion a été autrefois propoſée au Collége des Cardinaux qui ont décidé pour la validité du mariage, comme le rapporte Henriqués Liv. 2. *de matrim.* chap. 3. nomb. 3. c'eſt encore ce qu'on voit dans la compilation des déciſions de la Rote.

Elle a auſſi été traitée par différens Canoniſtes, tels que Veracruz, Sanchez, Pierre de Rhodes, & notamment par Van-Eſpen, Auteur celebre, & par le Pere Alexandre Canoniſte dont la réputation eſt connuë, qui ſoutiennent tous que le défaut de permiſſion de l'Ordinaire n'empêche point la validité du mariage. Ils ſe fondent principalement ſur la maxime conſtante, que pour annuler un mariage, il faut neceſſairement *une clauſe irritante.* C'eſt ce qu'ils expriment en ces termes: *Id ſpeciale eſt in matrimonio, ut ex ſimplici prohibitione, abſque decreto irritanti non cenſeatur annulari.* C'eſt le cas d'appliquer cet axiome des Canoniſtes, *multa prohibentur fieri, quæ tamen facta tenent. C. ad Apoſtolicam, de Regul.* C'eſt ſur ce principe inconteſtable qu'ils concluent tous qu'un tel mariage celebré ſans la permiſſion de l'Ordinaire eſt valable. *Sed tamen quia in hoc decreto nulla clauſula irritans appoſita eſt, ſi Parochus neglectis iis quæ à Synodis ſunt præſcripta, matrimonio adſtiterit, validum erit matrimonium.*

On ne peut point oppoſer à une maxime auſſi juſte, l'opinion incertaine qui paroît hazardée dans les Conferences Eccleſiaſtiques du Dioceſe de Paris, imprimées en 1715. Tom. 3. Liv. 4. Conf. 5. §. 9.

1°. Parce que ces Conferences ne ſont qu'une compilation d'opinions, qui n'a point d'autorité parmi nous, quoiqu'elles ayent été miſes au jour pour l'inſtruction des Eccleſiaſtiques par un Cardinal, dont la memoire eſt infiniment reſpectable.

2°. Parce qu'elles ne contiennent point de déciſion ſur la difficulté propoſée, puiſqu'on s'y contente de dire pour toute ſolution, page 324. *qu'on auroit de la peine à croire que le mariage fût valide ſi un Curé avoit marié des Paſſans ſans en avoir une permiſſion ſpeciale de ſon Ordinaire.* D'ailleurs ce doute n'eſt fondé ſur aucunes raiſons qui détruiſent celles qu'on vient d'établir ſur le ſuffrage unanime des Docteurs.

Les Statuts du Dioceſe de Grenoble qui ſont rapportez dans les Conferences Eccleſiaſtiques, ſe donnent bien de garde de prononcer la nullité d'un pareil mariage celebré ſans la permiſſion de l'Ordinaire.

Ces Statuts plus exacts & plus judicieux en cela que les Conferences Eccleſiaſtiques, ont diſtingué les vagabonds en deux claſſes.

Dans la premiere ils placent ceux dont parle le Concile de Trente, & dont il dit, *ut improbi ſunt ingenii,* tels que ſont ces Coureurs de Pays que nos Ordonnances puniſſent; à l'égard de ceux-là les Statuts diſent qu'on ne ſçauroit trop prendre de précautions dans leurs mariages, & ils exigent, non pas une permiſſion par écrit de l'Ordinaire, mais ſeulement que le Curé en ait conferé avec ſon Evêque qui le conſeillera ſur cette matiere. Pourroit-on jamais avancer que faute par un Curé d'avoir ainſi conferé avec ſon Evêque, la celebration d'un mariage fût nulle? Cela pourroit-il tomber ſous le ſens?

Les Statuts rangent dans la ſeconde claſſe les Porteurs de balle, les Trafiquans & autres que la neceſſité du commerce ou de leurs affaires oblige à errer, & pour admettre ces derniers au Sacrement de mariage, ils n'exigent que des Certificats qui conſtatent qu'ils ne ſont point engagez dans un premier mariage, ou même le témoignage de quelques-uns de leurs camarades, & cela par forme de précaution, & non pas à peine de nullité des mariages: c'eſt pour prévenir les ſurpriſes, diſent les Statuts.

Ces diſpoſitions des Statuts de Grenoble preſentent ici deux obſervations qui ſont aſſurément ſans replique.

La premiere eſt, que les Curez ſont cenſez avoir pris les précautions preſcrites pour s'aſſurer de l'état de celui à qui l'on voit qu'ils ont adminiſtré la bénédiction nuptiale. Cette précaution n'étant exigée que des Curez, & uniquement pour la ſécurité de leur conſcience, ils en ſont ſeuls comptables, & lorſque les parties ont une fois reçû la bénediction nuptiale, le Sacrement eſt accompli, & il ne ſeroit pas naturel que dans la ſuite on les réduisît à prouver qu'elles ont inſtruit le Curé de leur état; la celebration ſeule prouve que le Curé a été inſtruit.

La ſeconde obſervation eſt, que quand même il ſeroit prouvé que les parties n'auroient point conſtaté leur liberté, on ne ſeroit pas recevable long-tems après la celebration ſuivie de cohabitation, & même après la mort de l'un des conjoints, à oppoſer à l'autre ce défaut de formalité, lorſqu'il ſeroit conſtant d'ailleurs qu'au tems de la celebration les Parties étoient en pleine majorité & joüiſſoient d'une entiere liberté.

1°. Parce que le danger, qui auroit fait l'objet de la précaution, ſe trouveroit évanoüi.

2°. Parce que ce ne ſeroient point les Parties qu'on pourroit rendre reſponſables de ce défaut d'inſtruction, mais ſeulement le Curé qui auroit négligé d'exiger des éclairciſſemens qu'il étoit obligé de ſe procurer.

Il eſt donc évident qu'à tous égards la diſpoſition du Concile de Trente ne mérite dans l'eſpece aucune conſideration, & que d'ailleurs en la prenant à la lettre, elle ne contient qu'une regle d'exactitude & de précaution, & non pas une *clauſe irritante* qui annulle un mariage celebré ſans la permiſſion de l'Ordinaire.

Auſſi dans pareil cas la Cour n'a jamais fait difficulté de confirmer les mariages de ceux que leur état mettoit dans l'impoſſibilité d'avoir un domicile. L'Arrêt celebre de la Tourneuſe en eſt une preuve bien ſenſible.

Elle n'avoit aucun domicile fixe. Son Contrat de mariage la diſoit domiciliée ſur la Paroiſſe de S. Sulpice; d'un autre côté le mariage avoit été celebré ſur la Paroiſſe de S. Laurent où elle ſe diſoit domiciliée, enſorte que l'Acte de celebration & le Contrat de mariage formoient une contradiction évidente qui annonçoit une ſuppoſition de domicile. La Cauſe fut plaidée ſolemnellement par Mˢ Blaru & Chevalier, feu M. le Chancelier de Voiſins ſéant à la tête du Parlement: & la Cour conſiderant que la Tourneuſe n'avoit aucun domicile decidé, jugea qu'elle avoit pû contracter, & confirma ſon mariage.

Ainſi pour ſe placer dans le cas où l'on prouveroit que Barthelemy Tourton n'avoit aucun domicile, & pour faire voir que dans cette hypotheſe même ſon mariage n'en ſeroit pas moins valable, il ſuffit de faire ici une application de ce qui vient d'être obſervé.

Premierement, on ne ſçauroit ranger Barthelemy Tourton dans la claſſe des vagabonds dont parle le Concile, ſoit parce qu'il a paſſé une partie de ſa vie dans des priſons & dans des maiſons de force, & que rien n'eſt plus oppoſé à l'état de vagabond, que celui de priſonnier, ſoit parce qu'il n'a erré dans differentes Villes que pour ſon commerce & pour des affaires particulieres, ſoit enfin parce qu'alors il étoit comme un fugitif qui cherchoit à ſe ſouſtraire à la perſécution de ſa famille. Ainſi la diſpoſition du Concile ne le concerne aucunement.

2°. Si l'on veut ſuivre les Statuts à la lettre, le Curé de S. Germain l'Auxerrois qui a celebré le mariage de Barthelemy Tourton, comme étant le Curé de la femme, eſt cenſé avoir été inſtruit de l'état & de la liberté de Barthelemy Tourton ; préſomption d'autant plus raiſonnable qu'originairement Barthelemy Tourton avoit été ſon Paroiſſien pendant pluſieurs années, comme Simeon Tourton en convient, lorſqu'il demeuroit chez Jean-Claude Tourton ſon oncle ruë des Mauvaiſes Paroles, qui eſt de la Paroiſſe S. Germain l'Auxerrois.

3°. En ſuppoſant toujours que Barthelemy Tourton n'avoit point de domicile, & en partant du principe établi, qu'un homme ſans domicile n'a beſoin pour la validité de ſon mariage que de la preſence du Curé de la femme qu'il épouſe, on trouveroit que Barthelemy Tourton auroit fait plus que la Loy ne pouvoit exiger de lui, puiſqu'indépendamment de la preſence de ce Curé par qui le mariage a été celebré, & dans la Paroiſſe duquel les Bans ont été publiez, Barrhelemy Tourton avoit encore appellé un ſecond Curé ſur la Paroiſſe duquel les Bans avoient également été publiez. Que peut-on imaginer de plus regulier?

Mais, dira-t'on peut-être, ce ſecond Curé n'étoit pas le Curé de Barthelemi Tourton

Non ſans doute, & nul autre ne pouvoit être le ſien dans le ſens de l'objection, puiſqu'on ſuppoſe qu'il n'avoit point de domicile. Car il faut raiſonner conſequemment à l'hipotheſe dans laquelle on place la queſtion, & cette hipotheſe eſt celle d'un mariage contracté par un homme ſans domicile ; c'eſt ce qu'il ne faut point perdre de vûë.

Or dans cette hipotheſe il eſt vrai de dire que Barthelemi Tourton, homme ſans domicile, pouvoit en élire un dans le moment, & ſe deſtiner à une Paroiſſe en choiſiſſant le Curé de cette même Paroiſſe pour faire la publication de ſes bans, puiſqu'en pouſſant les choſes à la derniere rigueur, c'étoit tout ce qu'on pouvoit exiger de lui ; & dans l'eſpece le choix que Barthelemi Tourton avoit fait du Curé de Saint Nicolas des Champs, étoit d'autant plus raiſonnable, & entroit d'autant mieux dans le vœu des Loix qui s'oppoſent à la clandeſtinité des mariages, que c'étoit la Paroiſſe de ſon oncle, chez lequel on convient qu'il avoit demeuré, & celle de la plupart de ſes parens.

On voit donc clairement qu'en enviſageant Barthelemi Tourton dans ce dernier point de vûë, c'eſt-à-dire, comme un homme ſans domicile, & conſéquemment ſans Curé, la preſence du veritable Curé de la femme qu'il épouſoit, étoit ſeule requiſe pour la validité de ſon mariage ; & que dans notre eſpece la preſence de ce premier Curé, fortifiée par celle du Curé de Saint Nicolas des Champs, imprime encore à la celebration du mariage un caractere ſurabondant d'autenticité.

Ainſi en raprochant les propoſitions qui ont été établies, on trouve, 1°. Qu'au temps de ſon mariage Barthelemi Tourton n'avoit à Lyon ni domicile de droit, ni domicile de fait ; que ſon domicile étoit ſur la Paroiſſe de Saint Nicolas des Champs, ſur laquelle ſes bans ont été publiez. 2°. Qu'en ſuppoſant (ce qui ne ſçauroit être) la verité de ce domicile détruite par des preuves écrites, ſuperieures à l'Acte de celebration, il s'enſuivroit que Barthelemi Tourton n'auroit point acquis de domicile depuis 1702. temps auquel il ſortit de chez ſon oncle, & conſéquemment qu'il auroit toujours conſervé le domicile de fait qu'il avoit alors acquis par 9 ans d'habitation suivie sur la Paroisse de Saint Germain l'Auxerrois, auquel cas il faudroit recourir à ce domicile certain, & reconnoître que le mariage ayant été celebré par le Curé de ce dernier domicile, il se trouveroit réellement fait en presence du propre Curé des Parties. Enfin en poussant la supposition au dernier degré où elle puisse être portée, & en perdant de vûë tous ces domiciles, pour ne considerer Barthelemi Tourton que comme un homme errant & vagabond, on vient de voir que dans ce cas même la validité du mariage seroit incontestable.

Voyons donc presentement si Simeon Tourton sera plus heureux sur le troisiéme moyen d'abus qu'il propose, fondé sur le pretendu défaut de presence de quatre Témoins.

TROISIE'ME PROPOSITION.

L'Acte de celebration est revêtu de la signature de quarte Témoins, tels que la Loi les exige.

On pretend que l'Acte de celebration qui est attaqué, contient deux contraventions aux Ordonnances.

La premiere, dit-on, en ce qu'il n'y a que deux Témoins pour Barthelemi Tourton, au lieu de quatre au moins qui seroient necessaires, suivant le Concile de Trente & les Ordonnances.

La seconde, en ce qu'au lieu de gens dignes de foi, domiciliez, on n'a pris que deux Laquais & gens inconnus & sans domicile, qu'on y dit amis du marié.

Voilà assurément des moyens d'une espece assez singuliere, & assez nouvelle; il est aisé d'y répondre.

Il ne faut pas dire que le Concile de Trente ait exigé la presence de quatre Témoins à la celebration d'un mariage. Le Concile a seulement prescrit la necessité de deux ou trois Témoins, comme nous le voyons dans le Chapitre premier de la Session XXIV. où il est dit, *duobus, vel tribus testibus præsentibus matrimonium celebretur.*

Il est vrai que l'Ordonnance de Blois, la Declaration de 1639. & l'Edit de 1697. ont ajouté à la disposition du Concile, en demandant la presence de quatre Témoins, quoique depuis l'Edit de 1697. la Cour par plusieurs Arrêts ait confirmé des mariages qui n'avoient été celebrez qu'en presence de deux Témoins; mais Simeon Tourton veut encore encherir sur la séverité de l'Ordonnance; car suivant son systême il faut qu'il y ait huit Témoins, sçavoir quatre du côté de la mariée, & quatre du côté du marié, puisqu'il se plaint de ce qu'il n'y a *que deux Témoins pour Barthelemi Tourton, au lieu de quatre au moins.*

On se gardera bien de refuter serieusement une maxime aussi fausse, qui ne peut être échapée que par inattention. On se contentera d'observer que l'Acte de celebration est signé de quatre Témoins, & même de six, suivant l'Extrait que Simeon Tourton en rapporte dans son Memoire.

A l'égard de la qualité des Témoins, elle ne sçauroit être raisonnablement critiquée; ils sont tels que la Loi les exige, dignes de foi, puisqu'on ne sçauroit rien alleguer qui rende leur témoignage suspect; domiciliez, puisque leurs domiciles sont indiquez dans l'Acte de celebratiou. Le premier est un Marchand demeurant ruë Saint Honoré; le second

cond un Architecte du Roy , demeurant ruë Saint Louis en l'Ifle ; les deux autres font à la verité deux domeftiques , mais dont les domiciles font bien défignez ; il y a même outre cela deux autres Témoins qui ont encore figné l'Acte de celebration.

Si l'on ne voit qu'aucun des parens de Barthelemi Tourton ait affifté à cette celebration , cela ne doit pas paroître étrange , puifqu'on fçait qu'ils font tous Proteftans.

Ce troifiéme moyen d'abus ne merite pas une plus longue difcuffion.

QUATRIÉME PROPOSITION.

La preuve teftimoniale demandée par Simeon Tourton n'eft pas admiffible.

Cette preuve teftimoniale a été demandée fucceffivement par la veuve Barou , par Burchardus Tourton , par Elifabeth Huguet , & enfin par Simeon Tourton. Mais on feroit furpris de voir la difference qui fe trouve dans les faits que chacune de ces Parties a articulez , ce qui fait bien connoître que ce font de pures fuppofitions , qu'on fe flatte de faire valoir à l'aide de quelques Témoins corrompus ; car la verité eft une , & ne change pas fuivant les circonftances. Mais cette demande à fin de preuve , qu'on peut ici regarder comme l'émetique d'une Caufe defefperée , n'aura pas le fuccès que Simeon Tourton paroît en attendre.

C'eft une maxime certaine parmi nous , & fondée fur les difpofitions précifes de nos Ordonnances , qu'on ne reçoit point de preuves teftimoniales contre des preuves écrites. L'Ordonnance de Moulins & celle de 1667. ont fait de cette maxime une Loi generale du Royaume.

Or l'acte de celebration dont il s'agit , eft un acte authentique qui fournit une preuve écrite du domicile de Barthelemy Tourton fur la Paroiffe de Saint Nicolas des Champs. La verité de ce domicile eft conftatée fuivant les formalités exactes que prefcrit l'Edit de 1697. foit par la fignature du Curé qui a celebré le mariage , & par la publication des bans faite & délivrée par le Curé de Saint Nicolas des Champs , foit par la fignature des quatre témoins , dont la prefence eft requife. L'infcription de cet acte de celebration dans les Regiftres publics , met le fceau à cette verité que le Prêtre & les témoins ont atteftée , & lui imprime le caractere d'authenticité que l'autorité du Legiflateur lui attribuë pour affurer l'état des citoyens.

En effet , dans l'adminiftration du Sacrement de mariage , le Prêtre n'eft pas feulement un Miniftre de l'Eglife deftiné fimplement à accomplir les ceremonies Ecclefiaftiques , & à prononcer les paroles faintes qui forment l'union des Contractans ; c'eft un Officier public revêtu de l'autorité du Prince , & dont les fonctions diftinctes du Sacerdoce ont pour objet de cimenter par des formalités civiles l'engagement le plus refpectable & le plus important de la focieté. C'eft en envifageant un Pafteur fous cette qualité d'Officier public que nos Ordonnances , & particulierement l'Edit de 1697. enjoignent aux Curés de s'informer foigneufement du domicile des Parties contractantes , & de s'en affurer par la foi de quatre témoins.

Or on demande , fi le Pafteur qui remplit réellement ici le miniftere d'Officier public , & que le Legiflateur a choifi pour affermir inviolablement par son suffrage,& par celui des témoins la foi des mariages, donnera moins de poids aux actes de celebration, & leur communiquera un dégré de certitude & d'authencité moins complet, qu'un Notaire n'en communique aux actes qui sont du ressort de ses fonctions. Certainement on ne peut pas se dispenser de reconnoître dans l'un & dans l'autre un pouvoir égal émané du même principe, & qui n'étant different que par la diversité des objets qu'il embrasse, se réunit dans le point capital de sa destination, qui tend à procurer à la societé une preuve immuable des engagemens que les citoyens contractent les uns avec les autres.

S'il est donc vrai qu'une preuve testimoniale ne soit pas admissible contre des actes que les Notaires passent dans leurs études, comme le disent formellement les Ordonnances, parce que ce sont des hommes publics, dont la foi est consacrée par l'autorité du Souverain, ne doit-on pas par la même raison rejetter cette preuve dangereuse, lorsque dans des matieres encore plus importantes il s'agit d'attaquer la verité d'un acte rédigé juridiquement à la face des Autels, & en presence de quatre témoins, par un Curé commis à cet effet par la Loi en qualité d'Officier public ? Pourquoi la foi des mariages qui sont les engagemens les plus sacrés, seroit-elle moins respectée, & plus exposée aux traits du mensonge & de l'imposture, que celle des conventions ordinaires ? Pourquoi l'inscription de faux toujours nécessaire pour détruire les actes publics, seroit-elle indispensable dans un cas, & superfluë dans l'autre ? Pourquoi enfin le Legislateur auroit-il pris la précaution de commettre deux Curez & quatre Témoins, & d'ordonner l'inscription des actes de celebration dans les Registres publics, pour constater par la certitude des mariages l'état des citoyens, & pour en transmettre une preuve inalterable à la posterité, si cette preuve qu'il indique comme la plus parfaite, pouvoit être dans la suite combattue & détruite par les plus vils témoignages que la cupidité d'un collateral pourroit susciter ? en un mot, le mariage seroit-il le seul de tous les engagemens qui ne fût pas à l'abri de la corruption des Témoins ? Seroit-il le seul à la sureté duquel la Loy n'auroit pas pourvû ?

Il n'y a personne qui ne sente les inconveniens & les désordres qui naîtroient du sistême que presente Simeon Tourton ? Aussi la Cour en pareil cas a-t-elle toujours rejetté cet expedient dangereux de la preuve testimoniale : il y en a une infinité d'Arrêts qu'on pourroit rapporter ; on se contentera d'en citer quelques-uns.

Dans l'affaire de M. de Rieux, la supposition de domicile étoit prouvée ; il y avoit même une retractation de la part des Témoins qui avoient signé l'acte de celebration ; cependant on n'y eut point d'égard, & par Arrest de 1682. la Cour jugea que la foi devoit demeurer à l'acte de celebration, & le mariage fut confirmé.

Dans l'espece d'un Arrest rendu le 6 Mars 1703. sur les conclusions de M. l'Avocat General le Nain, le contrat de mariage & l'acte de celebration se trouvoient contradictoires sur le fait du domicile ; ce qui paroissoit devoir donner lieu à la preuve testimoniale ; cependant M. l'Avocat General fit voir que dans le doute lorsqu'il s'agissoit d'un mariage contracté entre majeurs, on devoit toujours pancher pour la validité de l'acte, & que l'énonciation de l'acte de celebration devoit l'emporter, principes qui furent adoptez par l'Arrest, plaidans M. M. Prevost & Devaux.

On voit encore par un Arrest du 30 Avril 1723. combien la Cour s'est attachée aux dispositions de nos Ordonnances qui abrogent la preuve teſtimoniale dans les matieres d'état. Par cet Arreſt rendu ſur les concluſions de M. Dagueſſeau Conſeiller d'Etat, & pour lors Avocat General, la Cour declara abuſives deux Sentences de l'Officialité d'Arras, dont l'une ſur une demande en nullité de mariage, ſous prétexte du défaut de preſence du propre Curé, avoit admis à la preuve par Témoins, & l'autre ſur l'Enquête faite avoit declaré le mariage nul. La déciſion de cet Arreſt eſt bien préciſe.

Ce fut ſur les mêmes principes que la Cour en 1730. confirma le mariage de la Demoiſelle Duclos & du ſieur Chemin, qu'on prétendoit avoir été celebré hors la preſence du propre Curé. Me Cochin qui plaidoit pour l'Appellante comme d'abus, rapportoit un bail, une aſſignation, & une quittance du Commiſſaire des Pauvres, qui paroiſſoient former une preuve de la ſuppoſition du domicile. Il demandoit ſubſidiairement la preuve teſtimoniale, mais il n'y fut pas admis, & le mariage fut confirmé.

La Cour peut encore ſe rappeller l'Arrêt qu'elle rendit le 21 Février 1732. dans la cauſe de Dalvimart. Il y avoit un appel comme d'abus du mariage de la veuve Dalvimart, fondé ſur le défaut de preſence du propre Curé. On prétendoit que Gedeon Dalvimart lors de la celebration de ſon mariage à Paris, n'y avoit aucun domicile, & qu'il demeuroit à S. Martin de Nigelle dans le Perche, Dioceſe de Chartres. Il y avoit des baux, des Rôles des Tailles, qui formoient des commencemens de preuves par écrit ſur le fait du domicile actuel à S. Martin de Nigelle. D'ailleurs ce fait étoit atteſté par un Certificat de douze notables Habitans de la Paroiſſe, & l'on demandoit ſubſidiairement la permiſſion d'en faire preuve par Témoins. Mais la Cour ſur les concluſions de M. Joly de Fleury Avocat General, n'eut aucun égard à cette demande; elle la rejetta, & confirma le mariage.

Sous quel point de vûë favorable Simeon Tourton pourra-t il donc preſenter ſon appel comme d'abus? Tout homme qui dégagé de préjugés, & guidé ſeulement par des principes vrais, entrera dans l'examen des faits & des conſequences qui en reſultent, trouvera néceſſairement que le mariage qu'on attaque a été contracté & celebré ſuivant les Loix de l'Etat & de l'Egliſe. En effet quelle eſt d'abord cette incapacité de contracter qu'on ſuppoſe dans la perſonne de Barthelemi Tourton? Il avoit été libertin; ſuppoſons même qu'il le fût encore au temps de ſon mariage, ces vices du cœur éteignent-ils les lumieres de l'eſprit? derobent-ils l'uſage de la raiſon? faut-il être ſaint pour pouvoir s'obliger par un contrat civil?

Frappé du ridicule de cette prétenduë incapacité, notre Adverſaire veut-il placer la nullité du mariage dans le défaut de preſence du propre Curé, en ſuppoſant que le veritable domicile de Barthelemy Tourton étoit à Lyon? Tout s'éleve contre ce ſecond moyen. D'un côté l'on voit que Barthelemy Tourton n'avoit conſervé à Lyon aucun domicile *de droit*, ſoit parce qu'en majorité il avoit acquis un domicile *de fait* à Paris ſur la Paroiſſe de Saint Germain l'Auxerrois, ſoit parce que le domicile *de droit* n'eſt qu'un domicile de fiction qui ceſſe avec la minorité, qui en fait l'objet; ainſi écartons l'idée du domicile d'origine. D'un autre côté il eſt prouvé que Barthelemy Tourton depuis ſa ſortie de Paris n'a eu aucun domicile *de fait* à Lyon, puiſqu'en 28 ans il n'y a pas à differentes repriſes demeuré un an.

Mais en détruiſant ces domiciles *de droit* & *de fait* à Lyon, & en paſſant ſur ces temps de diſgrace, où ſon mary errant, ou priſonnier ne pou-

voit acquerir aucun domicile, la veuve Tourton trouve que dans les mo-
mens de liberté qui lui font reftés, fon veritable domicile étoit à Paris dans
la rue Saint Martin, Paroiffe de Saint Nicolas des Champs, fur laquelle
fes bans ont été publiez.

Le Contrat de mariage & l'Acte de celebration figné par quatre témoins tels que la Loi les exige, font foi de ce domicile, & le fait contraire
n'eft établi par aucune preuve; car pourroit-on jamais donner le nom de
preuve à des Certificats d'Aubergiftes, mandiez pendant le cours du Procès? Ces Actes extrajudiciaires feroient-ils capables de détruire un Contrat de mariage & un Acte de celebration? Actes d'ailleurs qui fuppofés
vrais, ne détruiroient point la preuve du domicile, puifqu'il arrive tous
les jours qu'un homme domicilié fe menage pour fes plaifirs, la commodité d'une chambre garnie; ainfi voilà un domicile Paroiffial acquis fur la
Paroiffe de Saint Nicolas des Champs, domicile conftaté par le Contrat
de mariage & par l'Acte de celebration, & qui n'étant détruit par aucune
preuve juridique, doit dès-là demeurer pour conftant. *Nifi falfitas inftrumenti arguatur per probationes idoneas, fides inftrumenti ftat inconcuffa*, &
ces preuves que la Loi demande ne font pas des preuves teftimoniales que
nos Ordonnances défendent d'admettre contre la foi des Actes, & que la
Cour a toujours rejettées en pareil cas.

Enfin fi l'on nous rapportoit des Pieces victorieufes qui démontraffent
la fauffeté de ce domicile, en forte qu'il fût conftant que Barthelemy Tourton n'avoit acquis aucun domicile Paroiffial depuis 1702. ce qui n'eft fûrement pas poffible, il faudroit ou remonter au domicile de fait que Barthelemy Tourton avoit acquis depuis 1693. jufqu'en 1702. fur la Paroiffe
de Saint Germain l'Auxerrois, parce que celui-là fe trouveroit fon dernier domicile, ou bien fe perfuader que Barthelemy Tourton étoit depuis 1702. un homme errant qui n'avoit acquis aucun domicile.

Au premier cas fon mariage fe trouveroit avoir été regulierement celebré fur la Paroiffe de Saint Germain l'Auxerrois, puifque le Curé de
cette Paroiffe deviendroit le Curé de fon dernier domicile.

Au fecond cas le mariage feroit encore valable fuivant le fentiment unanime des Auteurs, puifqu'il n'y a jamais eu de Loi de l'Etat ni de Conftitution Canonique qui ait défendu à un vagabond de fe marier fur la Paroiffe de la femme qu'il époufe, & que la Cour a confirmé plufieurs mariages faits en pareille circonftance.

Ainfi fous quelque point de vûë qu'on envifage le mariage que Simeon
Tourton attaque, on le trouvera toujours contracté fuivant les Loix de
l'Eglife & de l'Etat, & l'on peut dire que l'appel comme d'abus qui en
eft interjetté pour la quatriéme fois, n'eft qu'une hydre de chicanes dont
la derniere tête après d'impuiffans efforts va fuccomber fous le bras de
la Juftice.

Monfieur DE VIENNE, Rapporteur.

Mᶜ DE GENNE, Avocat.

BARON, Proc.

De l'Imprimerie de la Veuve d'ANDRE' KNAPEN, au bas du Pont S. Michel, à l'entrée de la ruë
S. André des Arcs, au Bon-Protecteur. 1733.

www.ingramcontent.com/pod-product-compliance
Lightning Source LLC
LaVergne TN
LVHW020639180726
843502LV00006B/2120